TRAITÉ GÉNÉRAL

DES

PROPULSEURS

EMPLOYÉS

DANS LA NAVIGATION A VAPEUR

PAR

Benjamin MARTINENQ

ATLAS

PARIS

E. BERNARD ET Cie, IMPRIMEURS-EDITEURS

53ter, Quai des Grands-Augustins, 53ter

1893

PARIS — IMPRIMERIE E. BERNARD & Cie,
23, rue des Grands-Augustins, 23

TABLE DES PLANCHES

Roue à aubes fixes pour remorqueur de 50 chevaux.

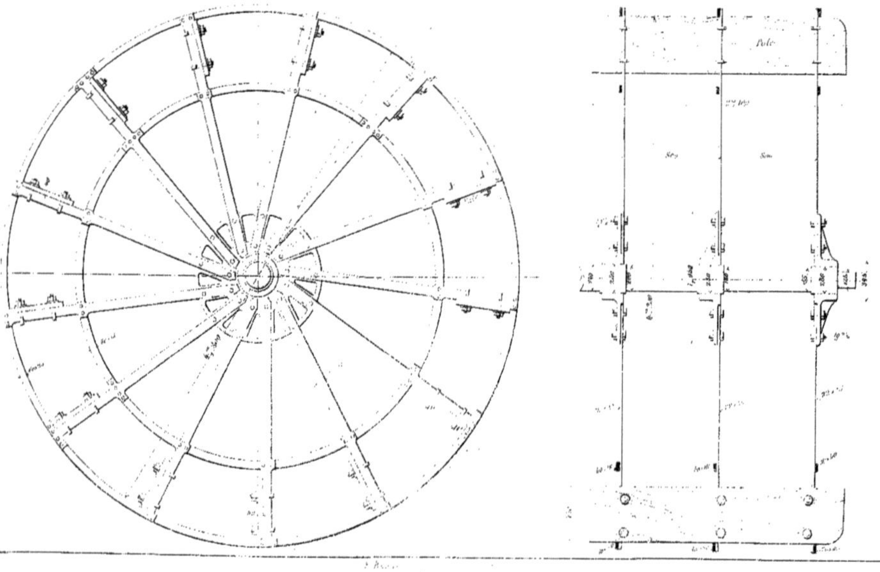

Roue à aubes articulées pour machine de 40 chevaux.

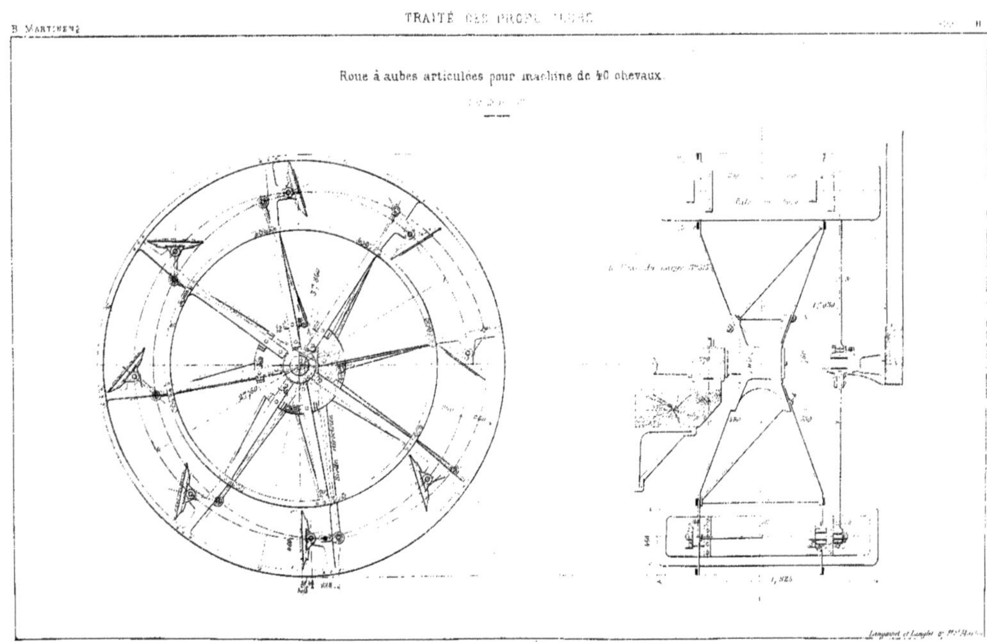

E. Bernard & Cie, Imp. Édit. Paris

Roue à aubes articulées pour machine de 140 chevaux de 75 kgm.

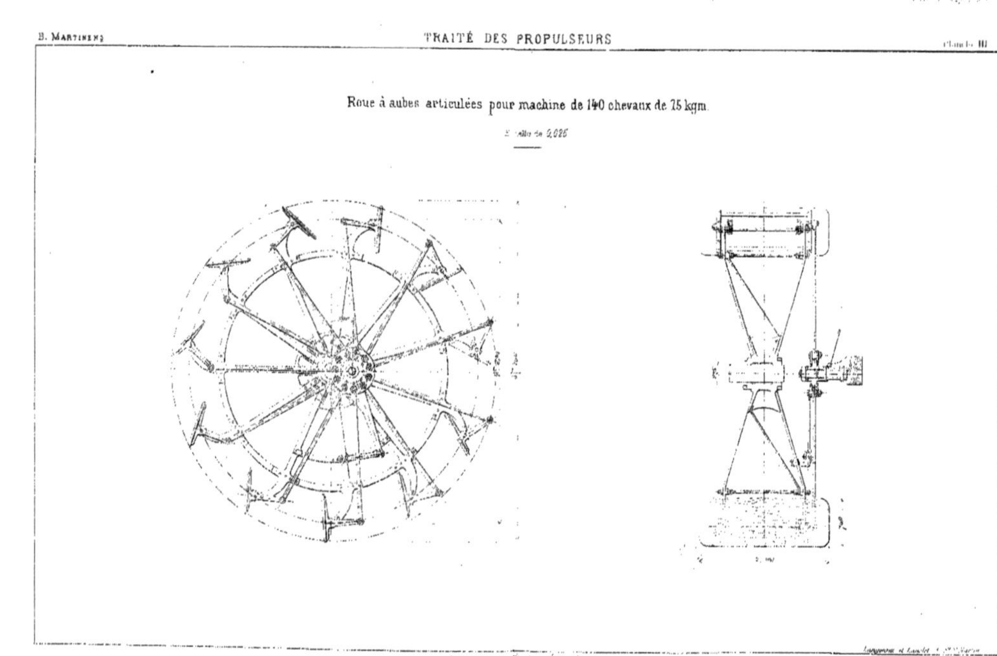

F. Bernard & Cie, Imp. Édit. Paris

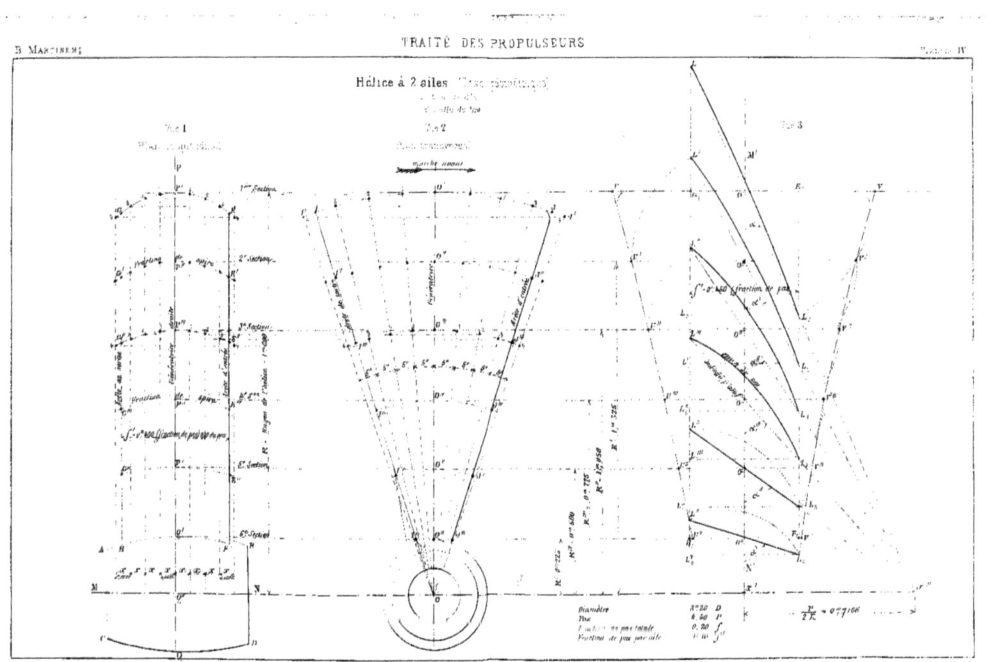

E. Bernard & Cie, Imp. Edit. - Paris

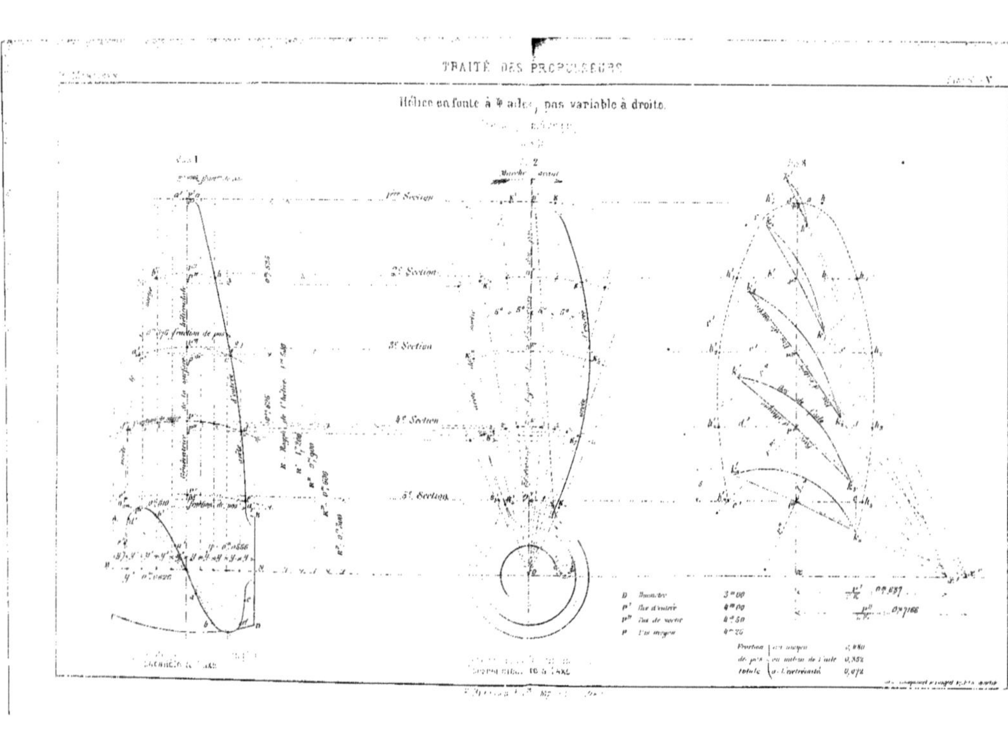
TRAITÉ DES PROPULSEURS
Hélice en fonte à 4 ailes, pas variable à droite.
1re Section
2e Section
3e Section
4e Section
5e Section
D
3m00
P'
4m00
P''
4m50
P
4m25
0,880
0,352
0,072

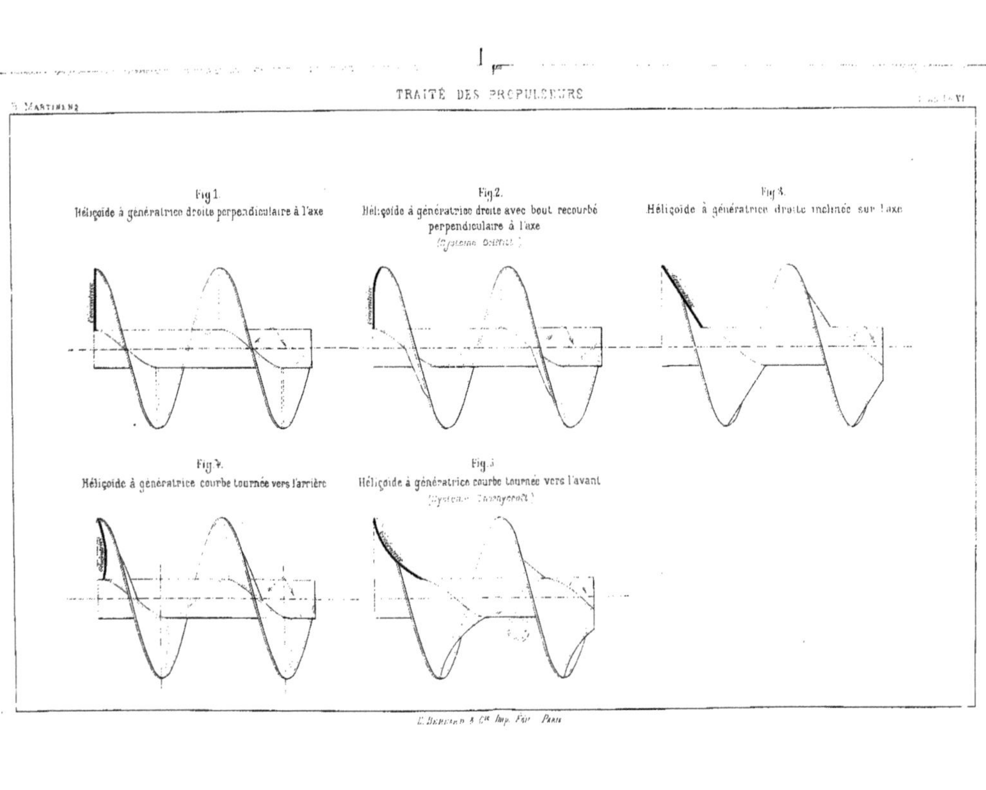

Fig.1. Héliçoïde à génératrice droite perpendiculaire à l'axe

Fig.2. Héliçoïde à génératrice droite avec bout recourbé perpendiculaire à l'axe (Système Griffith)

Fig.3. Héliçoïde à génératrice droite inclinée sur l'axe

Fig.4. Héliçoïde à génératrice courbe tournée vers l'arrière

Fig.5. Héliçoïde à génératrice courbe tournée vers l'avant (Système Thornycroft)

E. Bernard & Cie Imp. Édit. Paris

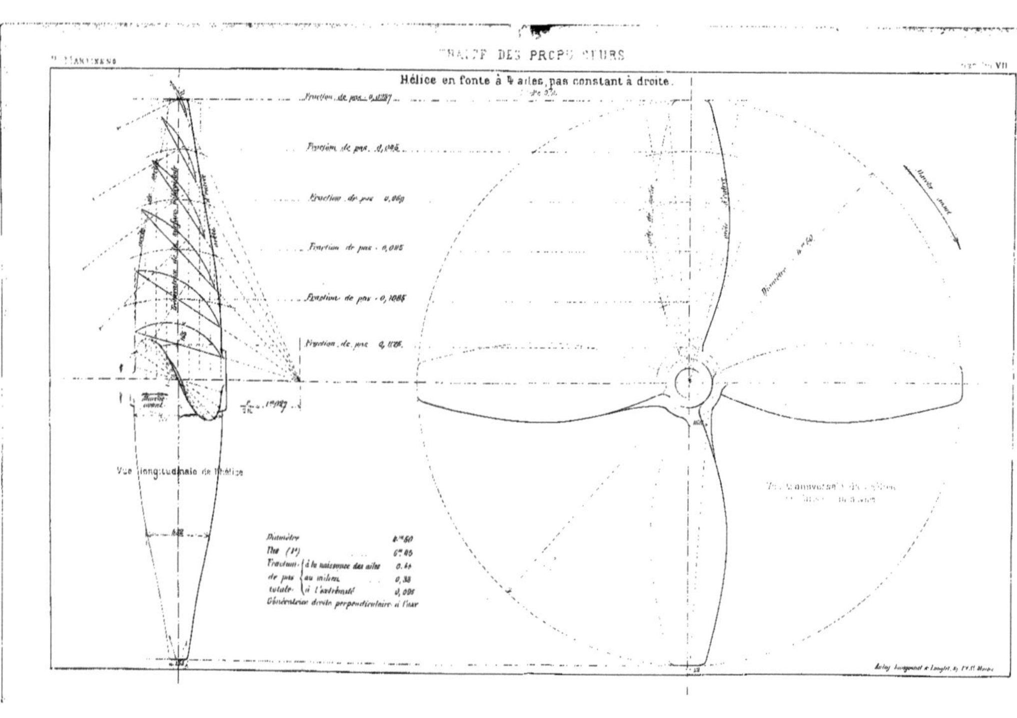
Hélice en fonte à 4 ailes, pas constant à droite.
Fraction de pas 0,1287
Fraction de pas 0,045
Fraction de pas 0,069
Fraction de pas 0,085
Fraction de pas 0,1085
Fraction de pas 0,1175
Vue longitudinale de l'hélice
Diamètre 4m50
Pas (1°) 6m05
Fraction de pas totale à la naissance des ailes 0,44
au milieu 0,38
à l'extrémité 0,005
Génératrice droite perpendiculaire à l'axe

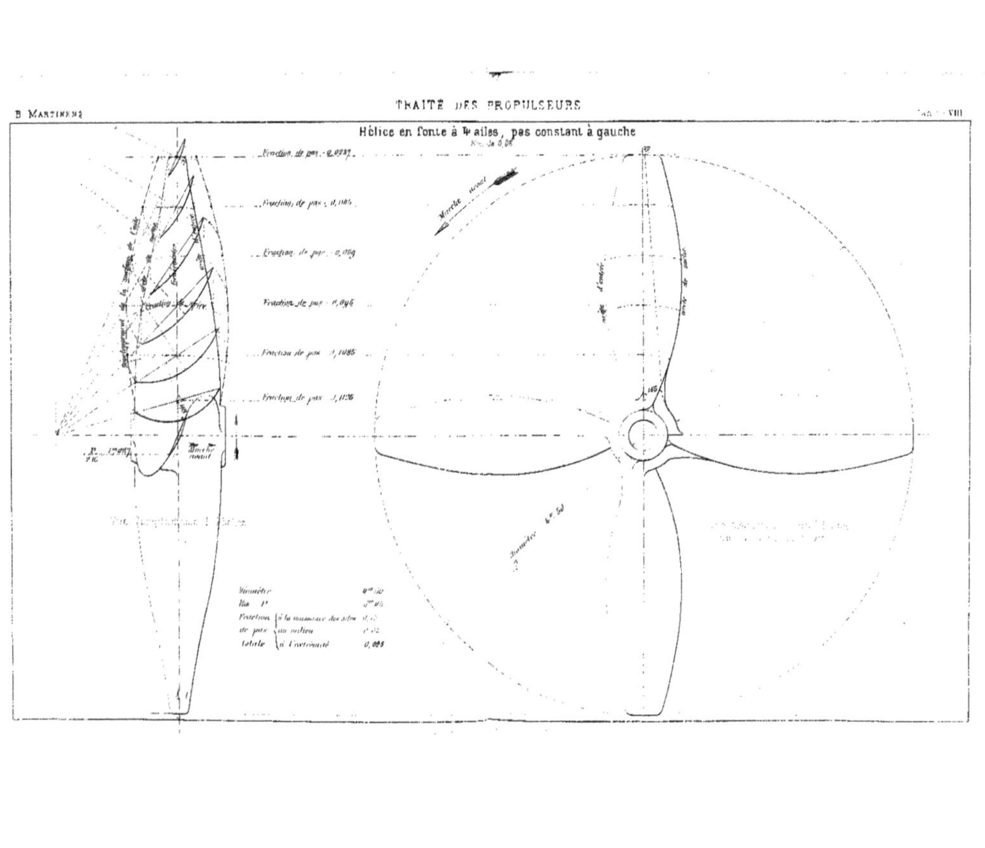

B. MARTINENQ
TRAITÉ DES PROPULSEURS
Hélice en fonte à 4 ailes, pas constant à gauche
Fraction de pas 0,0237
Fraction de pas 0,046
Fraction de pas 0,069
Fraction de pas 0,096
Fraction de pas 0,1085
Fraction de pas 0,1126
Marche avant

Hélice en fonte à 4 ailes, pas constant à droite.

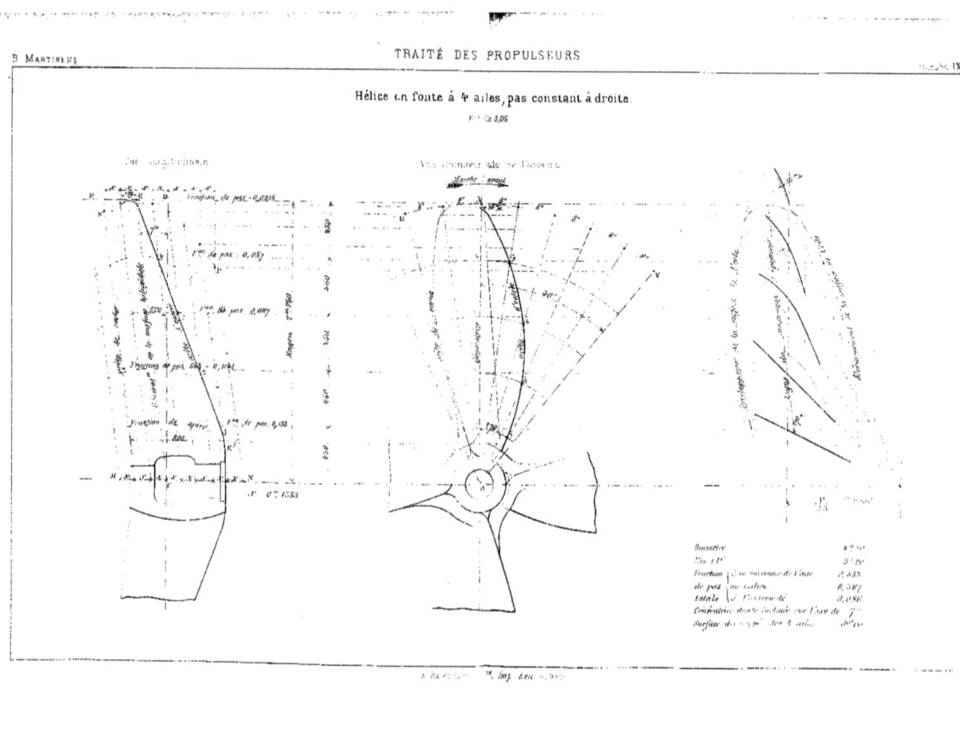

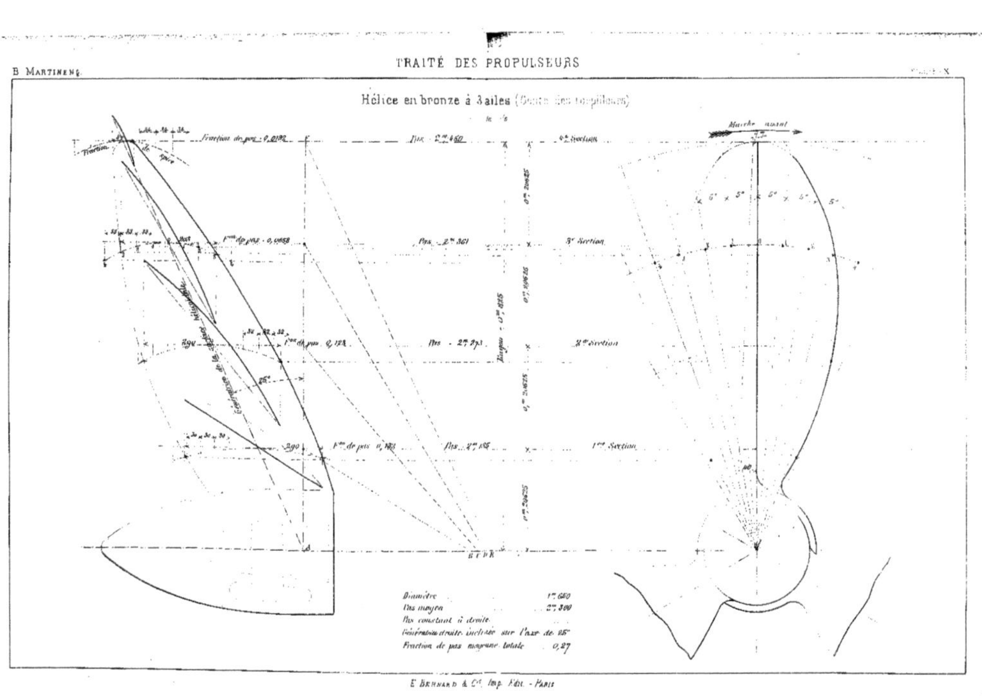
B. MARTINENQ.
TRAITÉ DES PROPULSEURS
Hélice en bronze à 3 ailes
Marche avant
4e Section
3e Section
2e Section
1re Section
Diamètre 1m,650
Pas moyen 2m,300
Pas constant à droite.
Génératrice droite inclinée sur l'axe de 25°
Fraction de pas moyenne totale 0,27
E. BERNARD & Cie, Imp. Édit. - PARIS

Hélice en acier, à 3 ailes, pour torpilleur de 34 mètres.

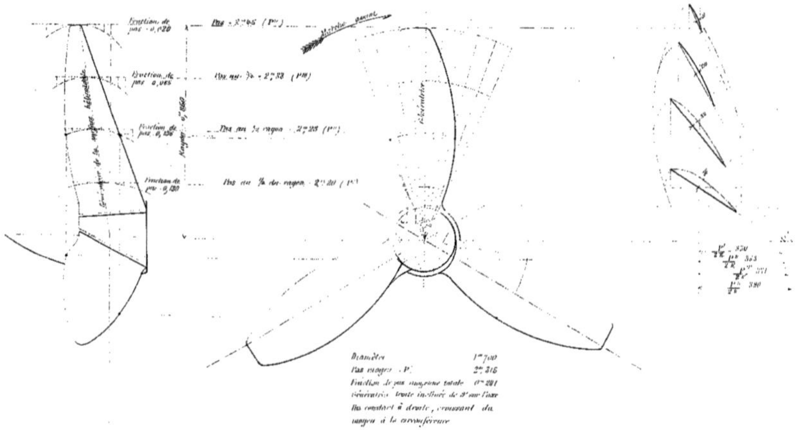

Diamètre 1m 700

Pas moyen (P) 2m 316

Fraction de pas moyenne totale 0m 201

Génératrice droite inclinée de 3° sur l'axe

Pas constant à droite, croissant du moyeu à la circonférence

Hélice en fonte à 4 ailes, pas à droite.

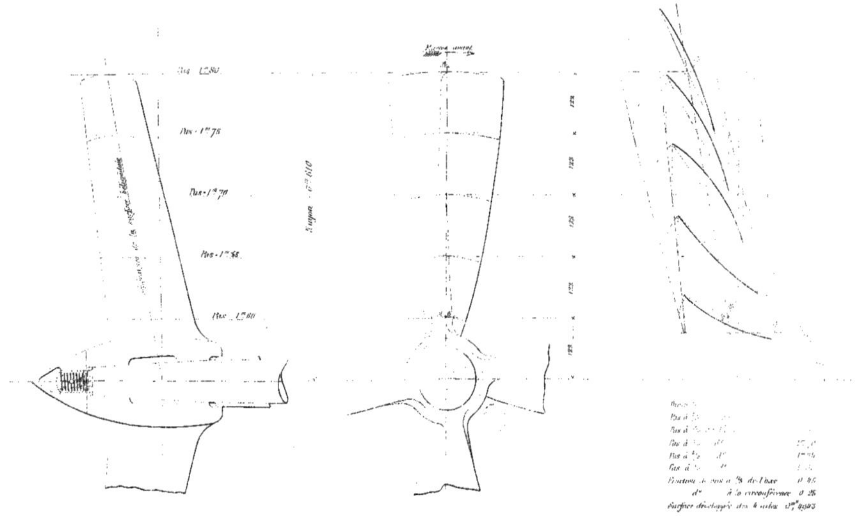

Fraction de pas à 1/3 de l'axe 0.85
d° à la circonférence 0.26
Surface développée des 4 ailes 0m2,4083

E. Bernard & Cie, Imp. Édit. - Paris

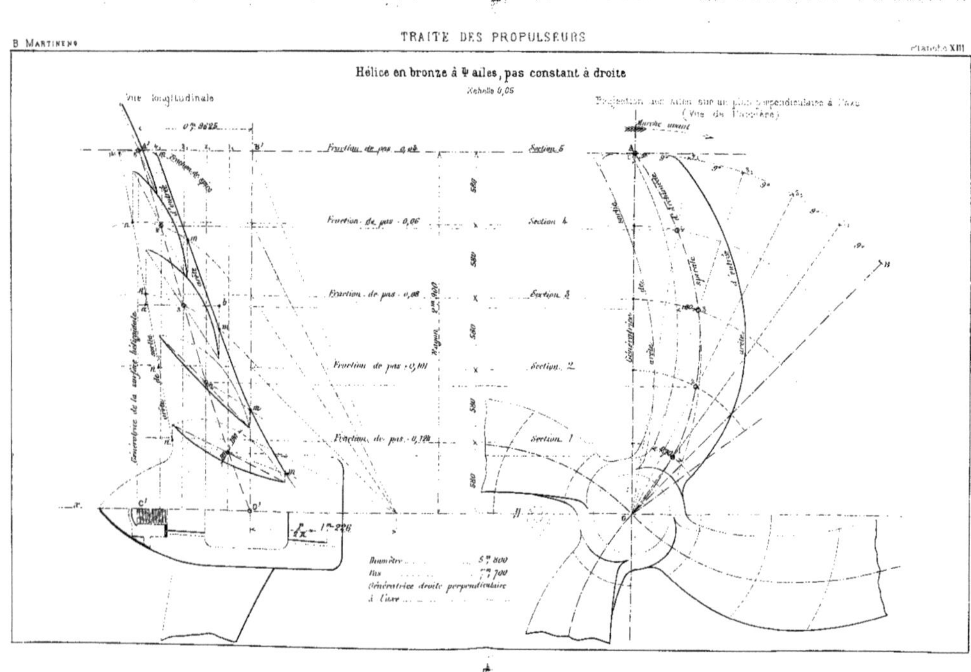
Hélice en bronze à 4 ailes, pas constant à droite
Echelle 0,05
Vue longitudinale
Projection des ailes sur un plan perpendiculaire à l'axe (Vue de l'arrière)
Marche avant
Fraction de pas 0,06
Fraction de pas 0,08
Fraction de pas 0,101
Fraction de pas 0,118
Section 5
Section 4
Section 3
Section 2
Section 1
Diamètre 5m 800
Pas 7m 700
Génératrice droite perpendiculaire à l'axe

Hélice en fonte à 3 ailes pour chaloupe. Pas constant à droite

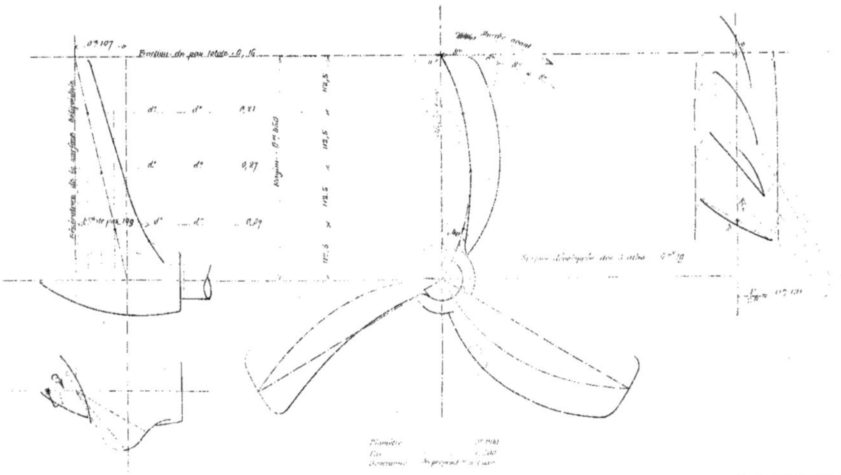

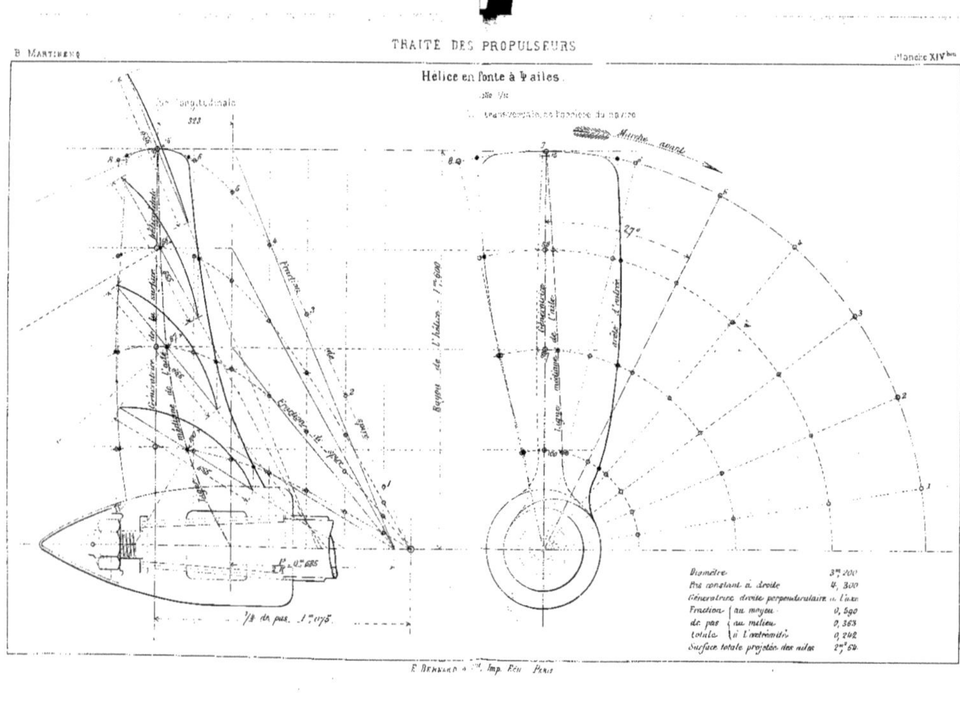
B. MARTINENQ
TRAITÉ DES PROPULSEURS
Planche XIV bis
Hélice en fonte à 4 ailes.
Marche avant
27°
Rayon de l'hélice 1m,600
Fraction de pas
Ligne médiane de l'aile
Génératrice de l'aile
arête d'entrée
1/8 du pas 1m,075
Diamètre 3m,200
Pas constant à droite 4,300
Génératrice droite perpendiculaire à l'axe
Fraction de pas totale au moyeu 0,590
au milieu 0,363
à l'extrémité 0,242
Surface totale projetée des ailes 2m²,64
E. Bernard & Cie, Imp. Édit. Paris

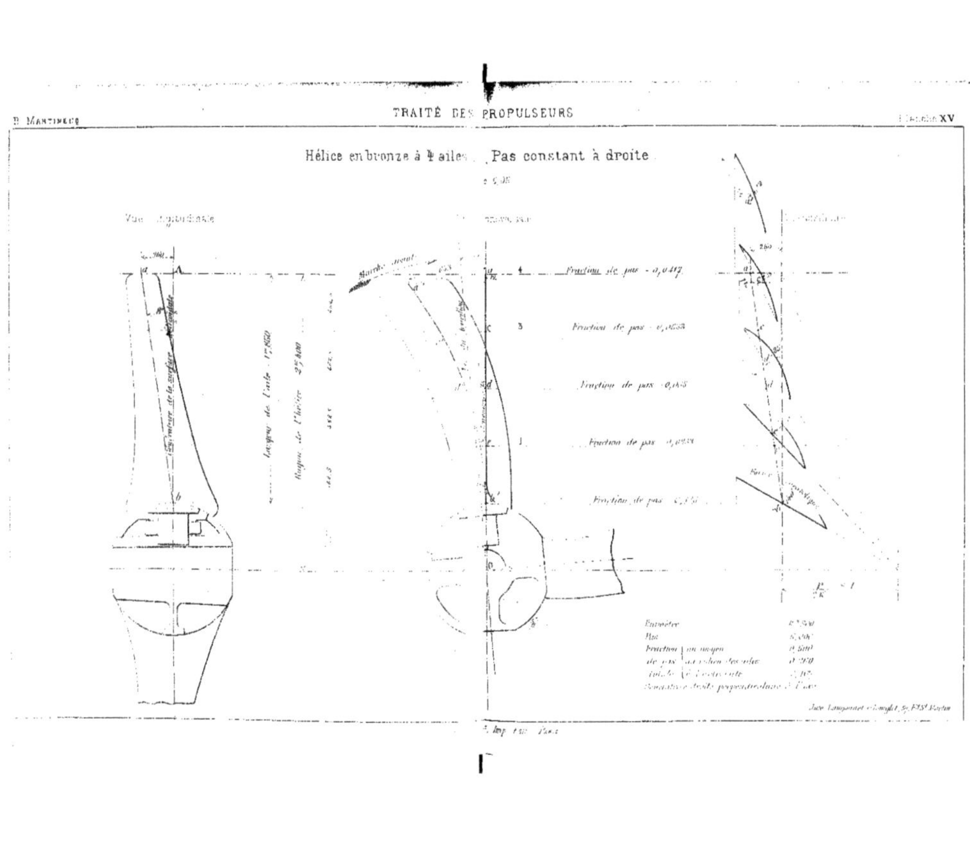
Hélice en bronze à 4 ailes . Pas constant à droite
Fraction de pas
Rayon de l'hélice

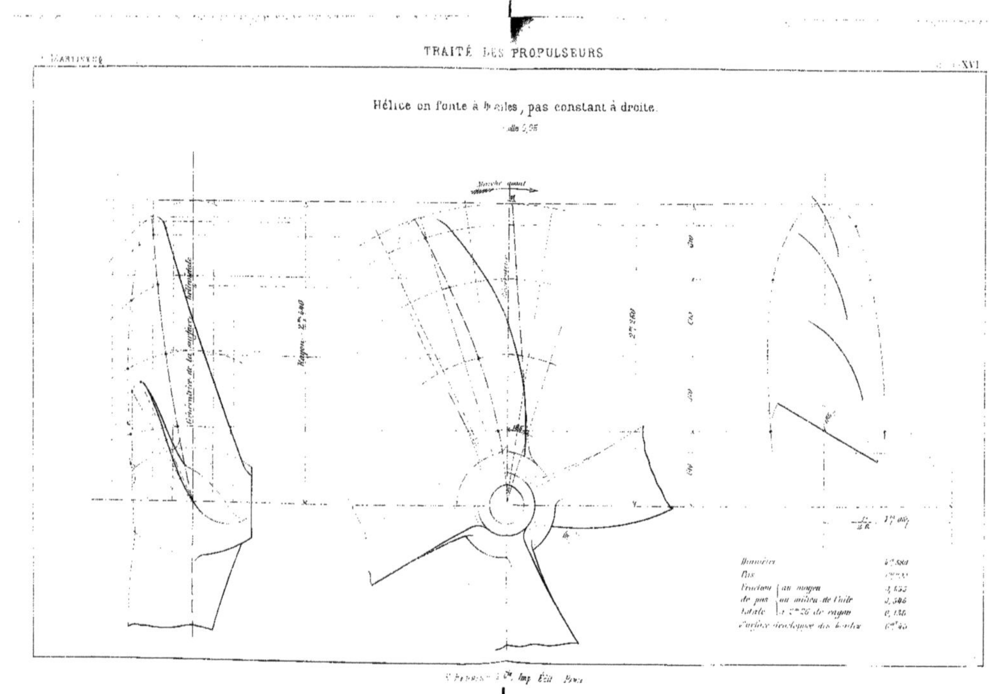
TRAITÉ DES PROPULSEURS
XVI
Hélice en fonte à 4 ailes, pas constant à droite.
Marche avant
Diamètre
Pas
Fraction
de pas
totale
au moyeu
au milieu de l'aile

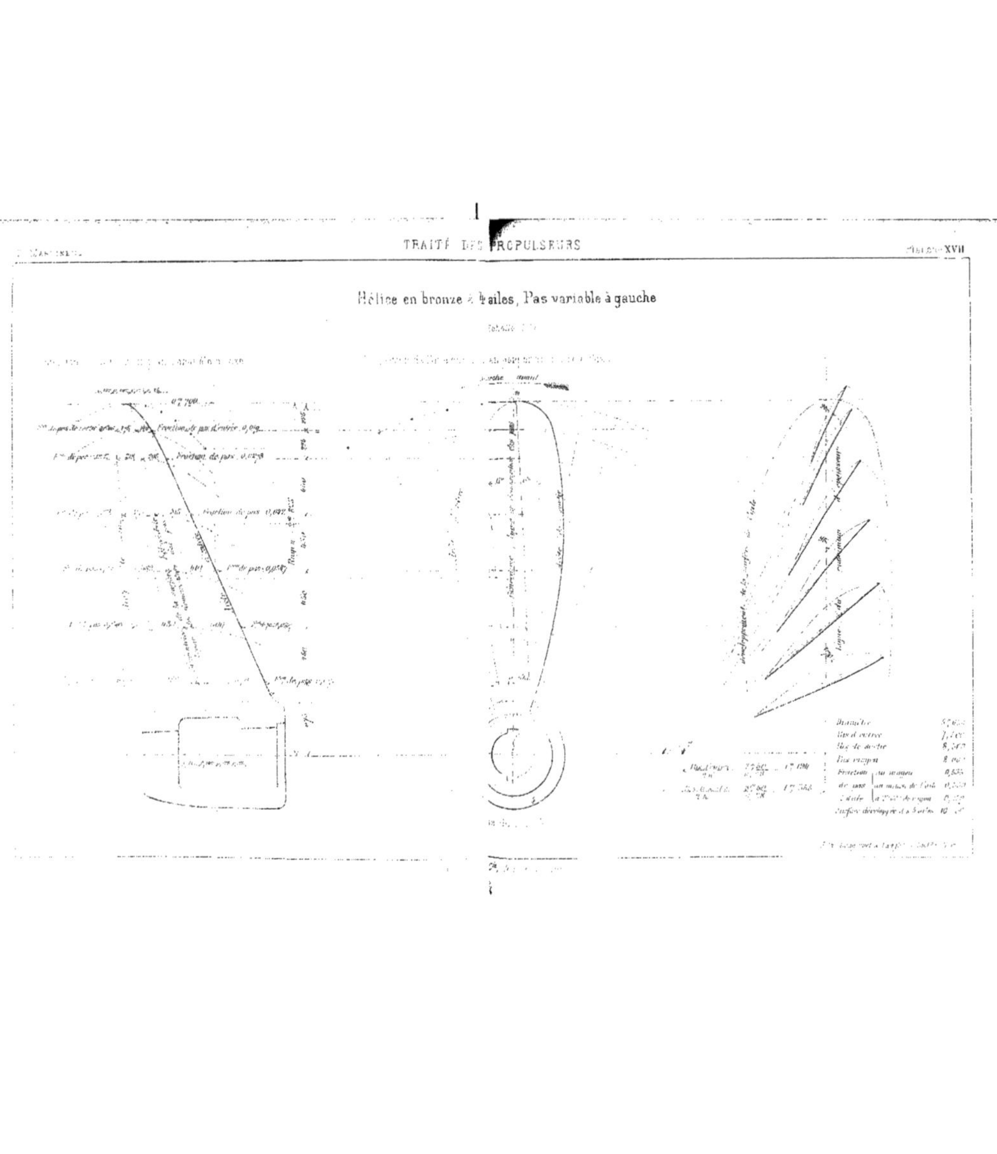
TRAITÉ DES PROPULSEURS
Planche XVII
Hélice en bronze à 4 ailes, Pas variable à gauche

Hélice en fonte à 4 ailes _ Pas variable à droite

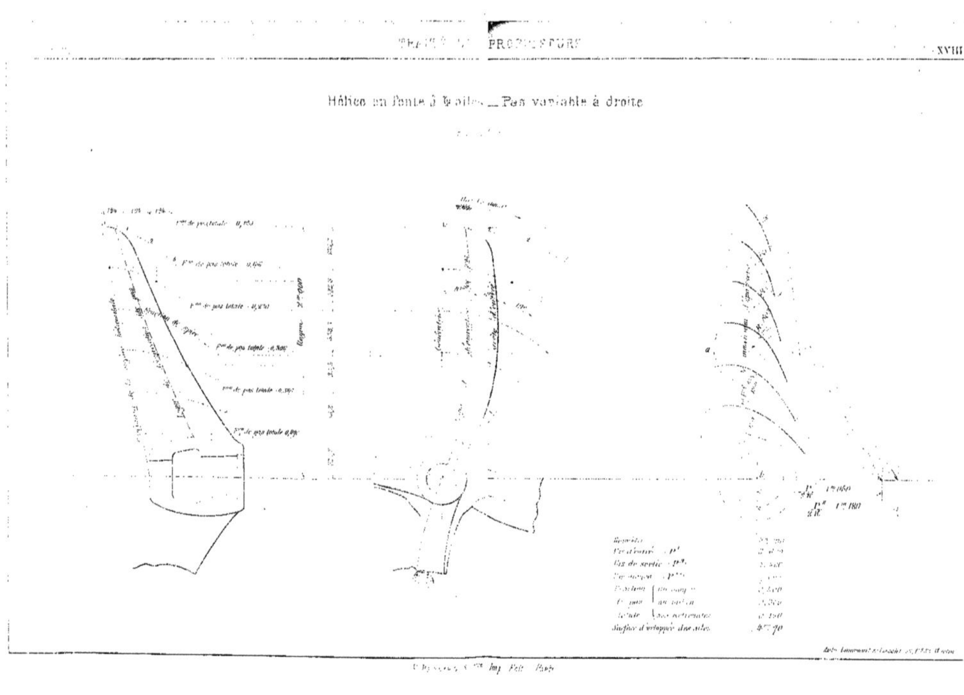

Hélice en fonte à 4 ailes. Pas variable à gauche

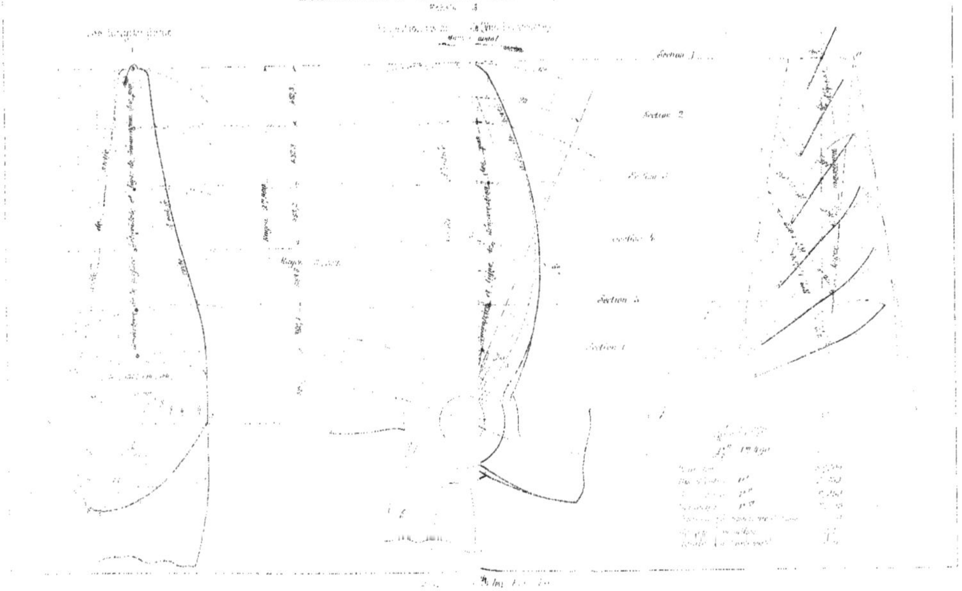

Section 1

Section 2

Section 3

Section 4

Section 5

Section 6

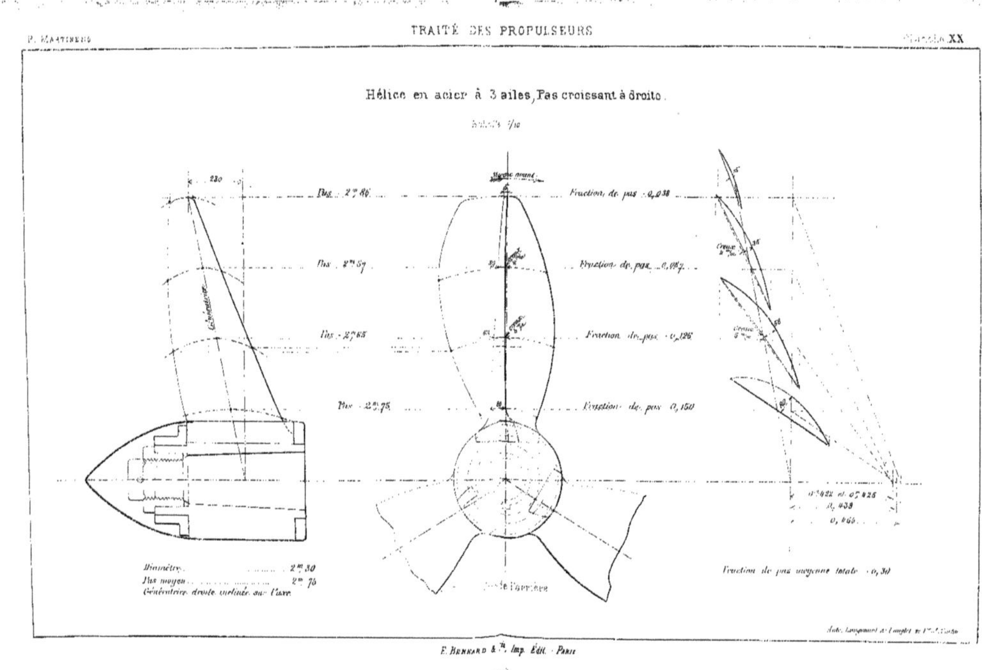

E. BERNARD & Cie, Imp. Édit. Paris

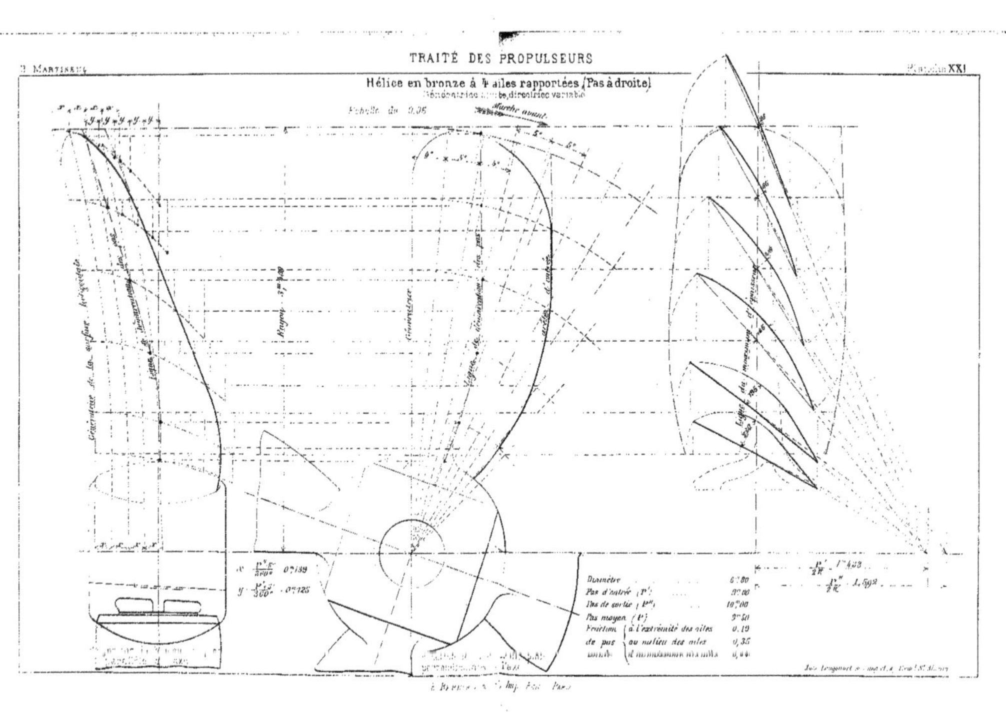
Hélice en bronze à 4 ailes rapportées (Pas à droite)
Marche avant.
Diamètre 6m80
Pas d'entrée (P') 9m00
Pas de sortie (P'') 10m00
Pas moyen (P) 9m50
Fraction de pas à l'extrémité des ailes 0,19
au milieu des ailes 0,35

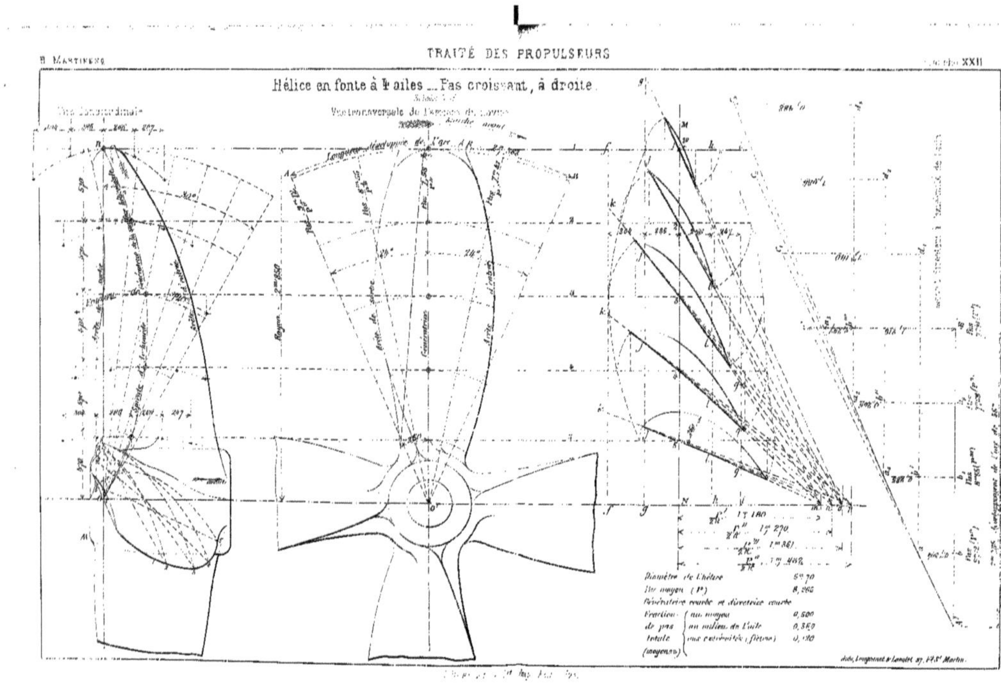
TRAITÉ DES PROPULSEURS
Hélice en fonte à 4 ailes ... Pas croissant, à droite.
Diamètre de l'hélice 5m 70
Pas moyen (P) 8,265
Fraction de pas totale (moyenne) au moyeu 0,500
au milieu de l'aile 0,360
aux extrémités (flèche) 0,120

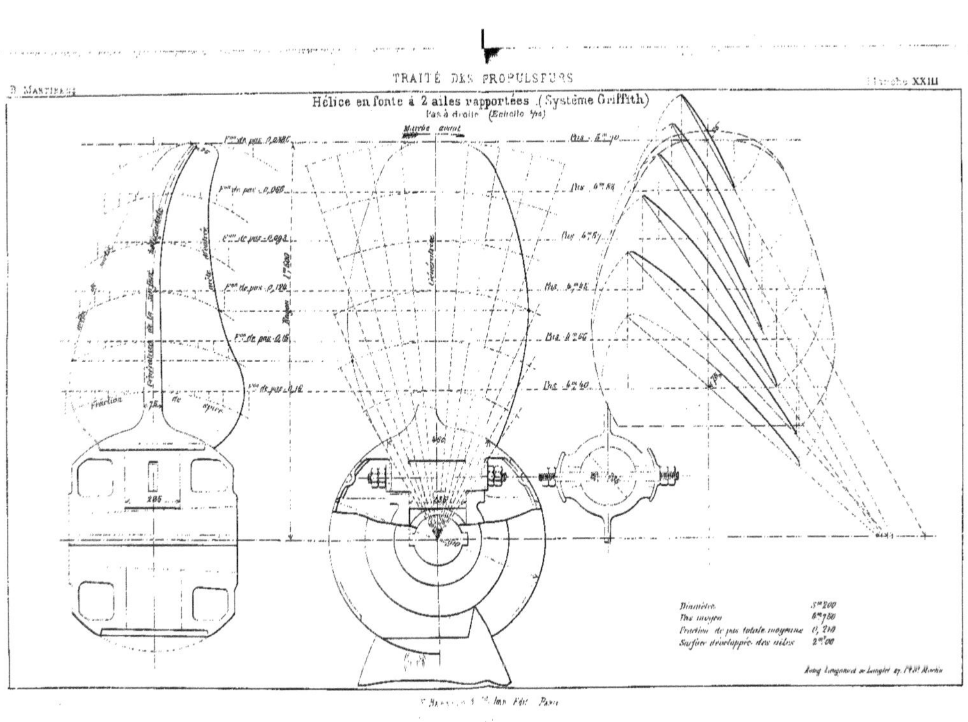
Hélice en fonte à 2 ailes rapportées .(Système Griffith)
Pas à droite (Echelle 1/10)
Marche avant
Diamètre 5m200
Pas moyen 6m750
Fraction de pas totale moyenne 0, 210
Surface développée des ailes 2m²00

Fig 1.
Fig 2.
Fig 3.
Fig 4.
Fig 5.

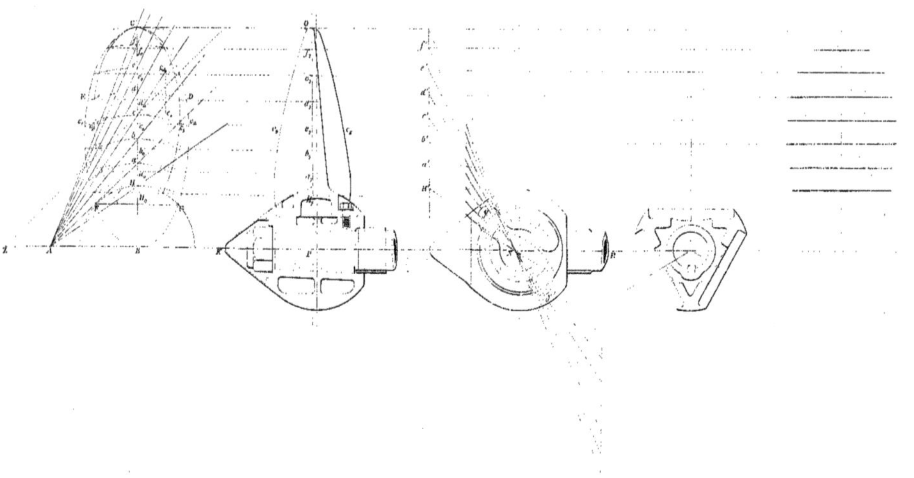

E. Bernard & Cie, Imp. Ed. Paris

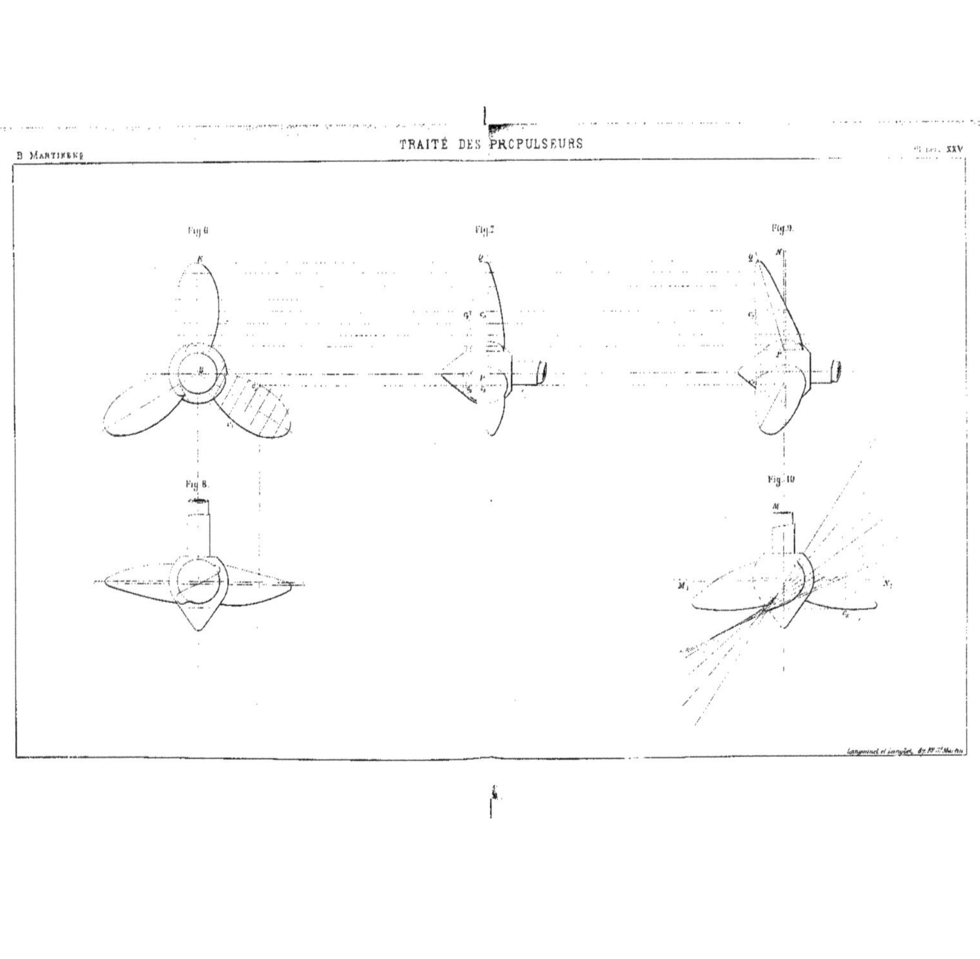
Fig. 6
Fig. 7
Fig. 9.
Fig. 8.
Fig. 10

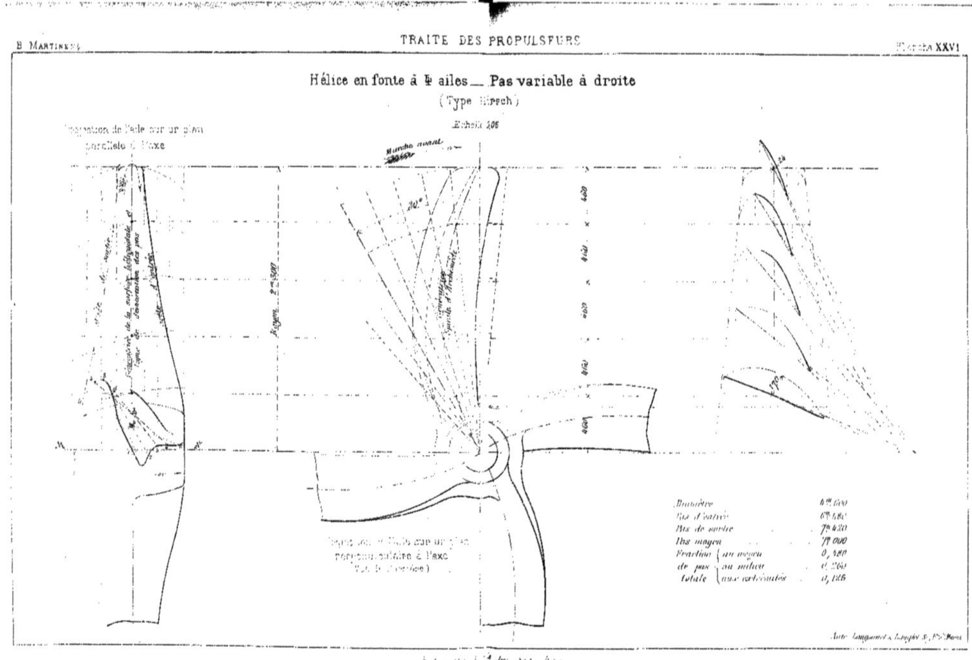
B. Martinez
TRAITÉ DES PROPULSEURS
Planche XXVI
Hélice en fonte à 4 ailes — Pas variable à droite
(Type Hirsch)
Marche avant
30°
Moyeu 2m300
Pas de sortie 7m420
Pas moyen 7m000

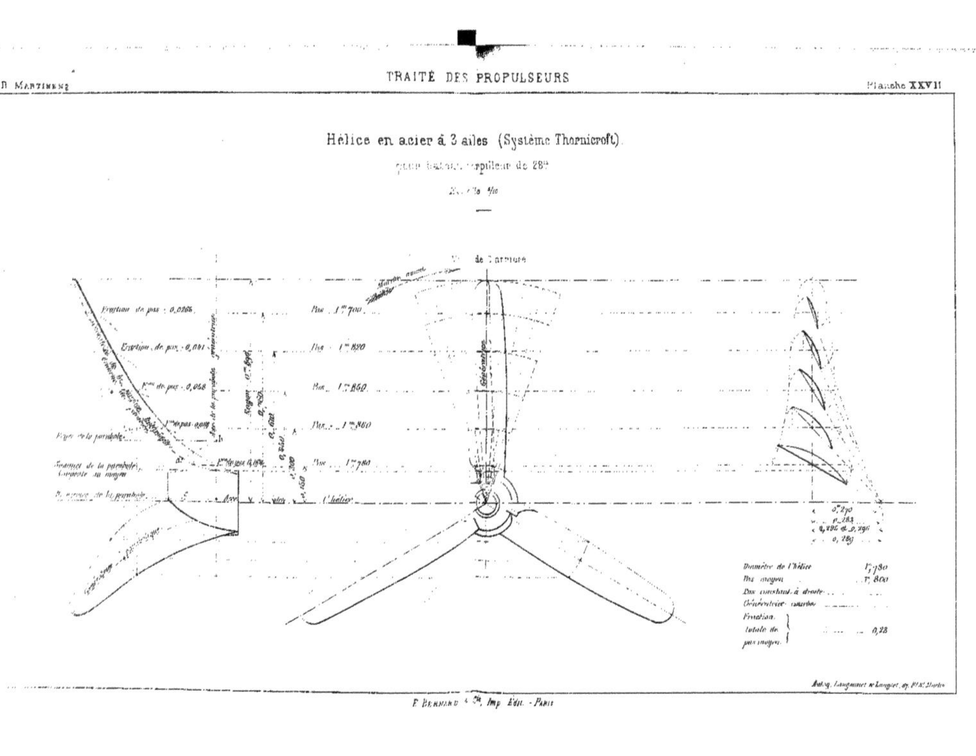
B. Martinenq
TRAITÉ DES PROPULSEURS
Planche XXVII
Hélice en acier à 3 ailes (Système Thornicroft)
Pas . 1m 700
Pas . 1m 820
Pas . 1m 850
Pas . 1m 860
Pas . 1m 780
0m 270
0, 283
0, 296 et 0, 296
0, 289
Diamètre de l'hélice 1m 730
Pas moyen 1m 800
Pas constant à droite
Génératrice courbe
Fraction totale de pas moyen 0,23
F. Bernard & Cie, Imp. Édit. - Paris

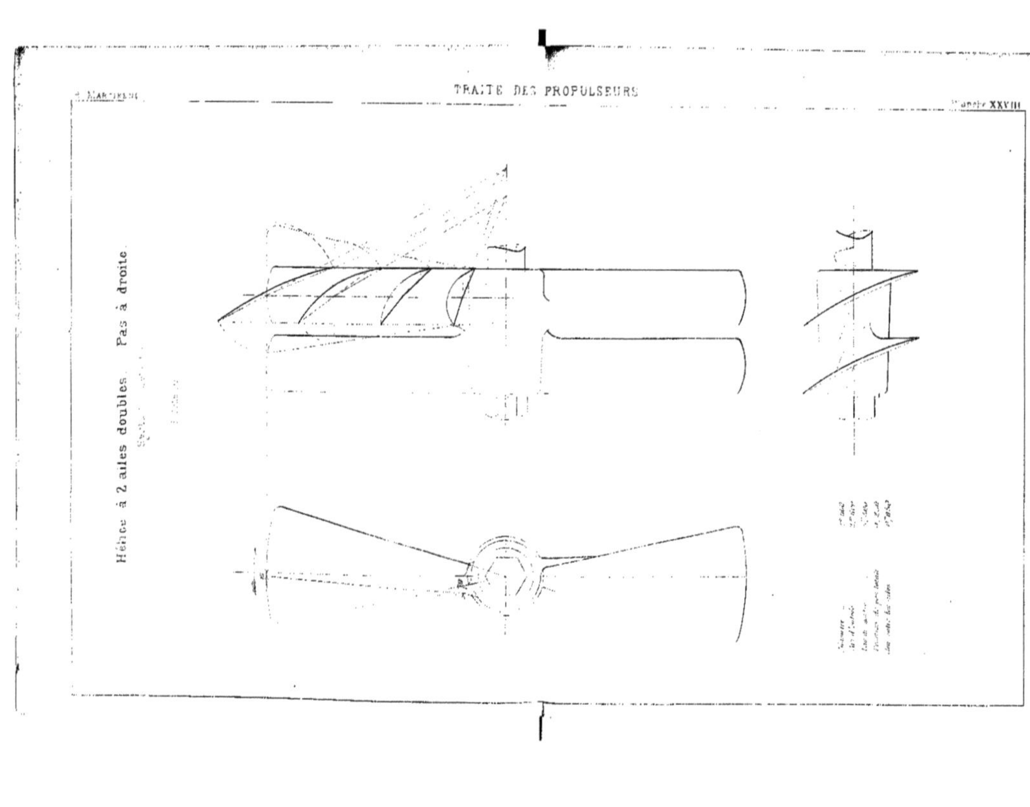
TRAITÉ DES PROPULSEURS
Planche XXVIII
Hélice à 2 ailes doubles. Pas à droite.

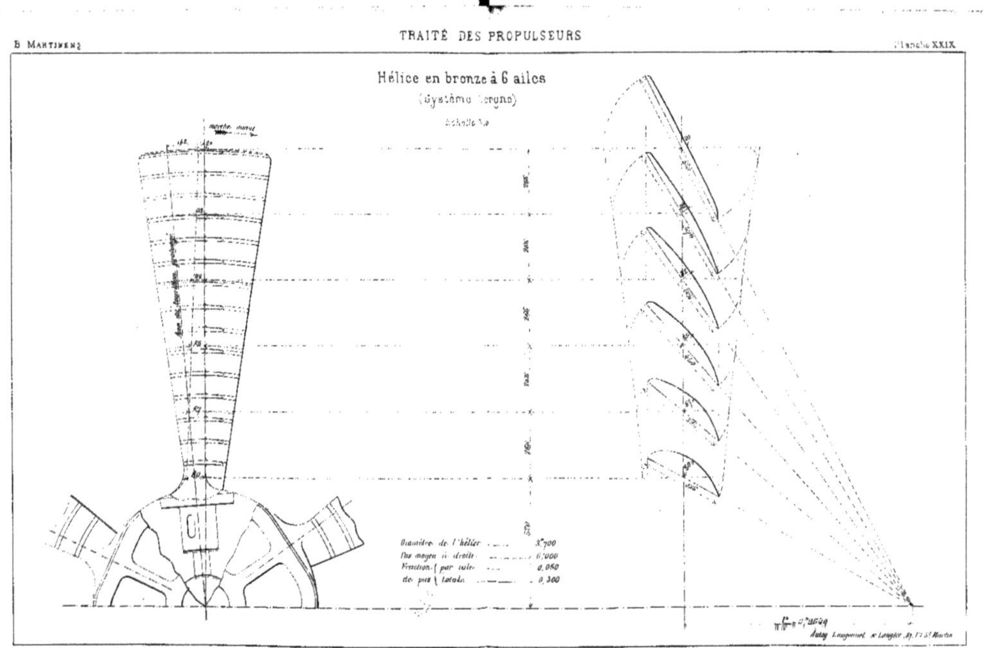

E. Bernard & Cie, Imp. Édit. Paris

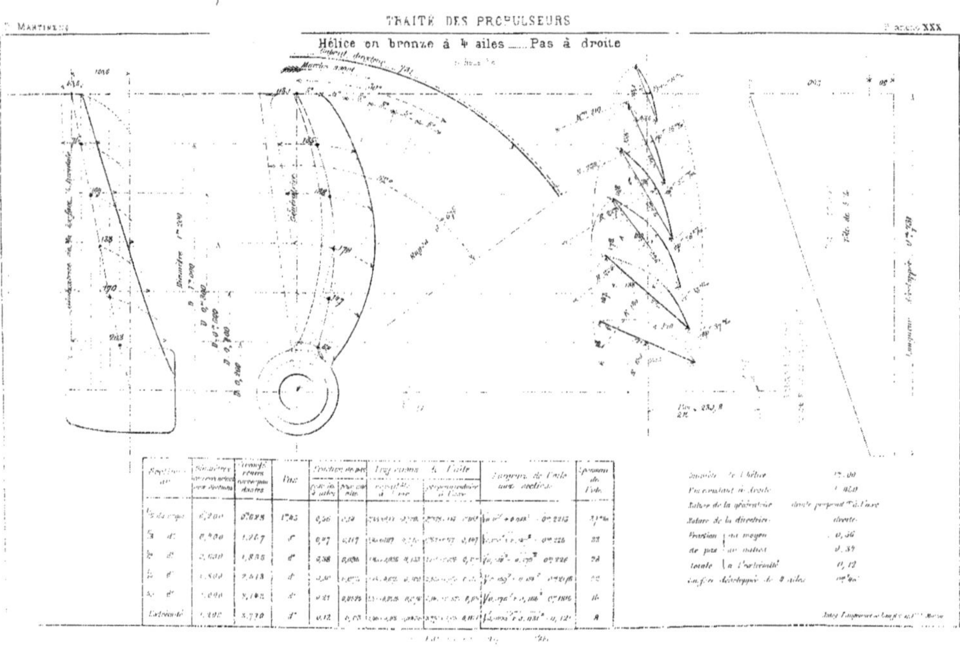

Sections au	Diamètres des sections	Circonférences correspondantes	Pas	Fraction de pas pour les 4 ailes	Fraction de pas pour une aile	Projections de l'aile suivant l'axe	Projections de l'aile perpendiculaire à l'axe	Largeurs de l'aile aux sections	Épaisseur de l'aile
1/5 du rayon	0,200	0m,628	1m,25	0,56	0,14	[illegible]	[illegible]	[illegible]	31mm
2/5 d°	0,400	1,257	d°	0,47	0,117	[illegible]	[illegible] 0,107	[illegible] 0m,226	[illegible]
3/5 d°	0,600	1,885	d°	0,38	0,096	[illegible] 0,133	[illegible]	[illegible] 0m,226	24
4/5 d°	0,800	2,513	d°	0,30	0,075	[illegible]	[illegible]	[illegible]	[illegible]
5/5 d°	1,000	3,142	d°	0,21	0,0525	[illegible]	[illegible] 0,08	[illegible] 0m,1806	16
Extrémité	1,200	3,770	d°	0,12	0,03	[illegible]	[illegible]	[illegible] 0,12	8

Diamètre de l'hélice	[illegible]
Pas constant à droite	[illegible]
Nature de la génératrice	droite perpend.re à l'axe
Nature de la directrice	droite
Fraction de pas totale — au moyeu	0,56
Fraction de pas totale — au milieu	0,34
Fraction de pas totale — à l'extrémité	0,12
Surface développée des 4 ailes	[illegible]

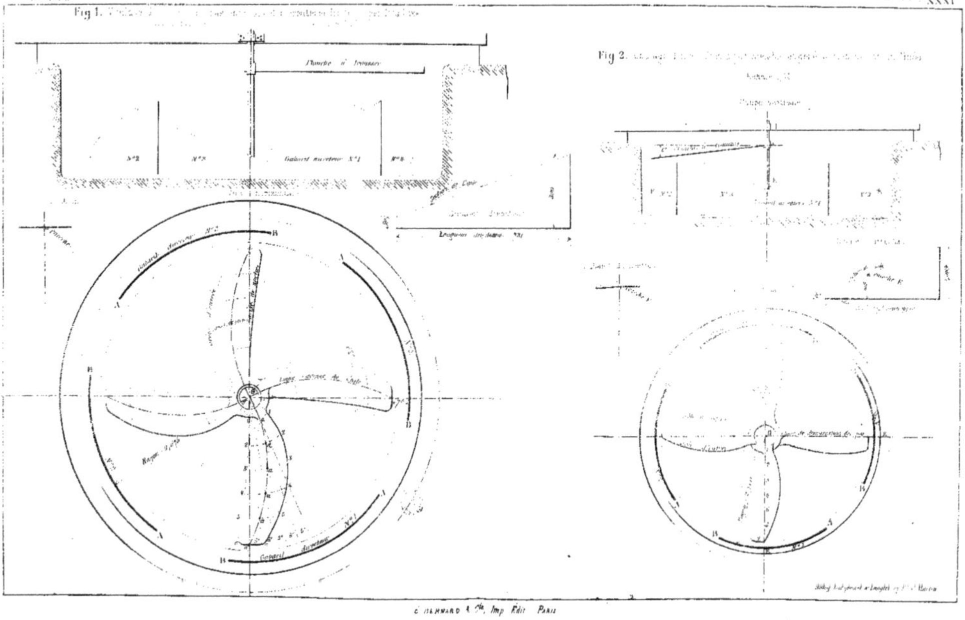

Fig 1.

Fig 2.

C. BERNARD & Cie, Imp. Edit. PARIS

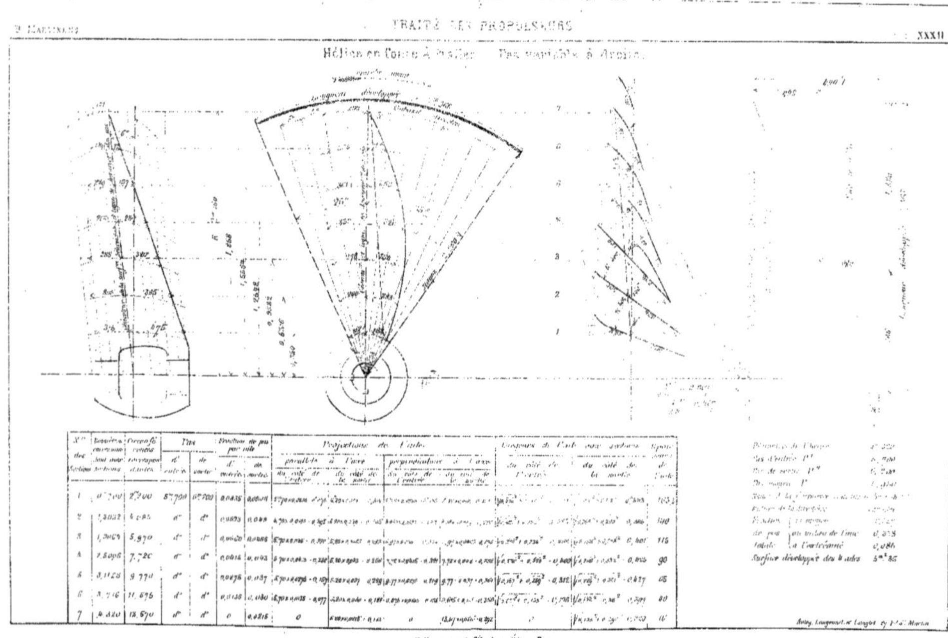

N°s des Sections	Rayons correspondants aux sections	Circonférences correspondantes	Pas d'entrée	Pas de sortie	Fraction de pas par aile d'entrée	Fraction de pas par aile de sortie	Projections de l'aile parallèles à l'axe du côté de l'entrée	Projections de l'aile parallèles à l'axe du côté de la sortie	Projections de l'aile perpendiculaires à l'axe du côté de l'entrée	Projections de l'aile perpendiculaires à l'axe du côté de la sortie	Largeurs de l'aile aux sections du côté de l'entrée	Largeurs de l'aile aux sections du côté de la sortie	Épaisseurs de l'aile
1	0m,700	2m,200	5m,700	6m,700	0,0835	0,0804	[illegible]	[illegible]	[illegible]	[illegible]	[illegible]	[illegible] = 0m,553	163,5
2	1,3032	4,085	d°	d°	0,0693	0,088	[illegible]	[illegible]	[illegible]	[illegible]	[illegible]	[illegible] = 0,466	140
3	1,3064	5,970	d°	d°	0,0620	0,0086	[illegible]	[illegible]	[illegible]	[illegible]	[illegible]	[illegible] = 0,401	115
4	2,5096	7,720	d°	d°	0,0616	0,093	[illegible]	[illegible]	[illegible]	[illegible]	[illegible]	[illegible]	90
5	3,1128	9,770	d°	d°	0,0276	0,037	[illegible]	[illegible]	[illegible]	[illegible]	[illegible] = 0,312	[illegible] = 0,427	65
6	3,716	11,676	d°	d°	0,0135	0,0180	[illegible] = 0,077	[illegible]	[illegible]	[illegible] = 0,350	[illegible]	[illegible]	40
7	4,320	13,570	d°	d°	0	0,0215	0	[illegible]	0	[illegible] = 0,292	0	[illegible]	16

Aubry, Langevin et Langlet sc. Martin

E. Bernard & Cie, Imp. Édit. - Paris

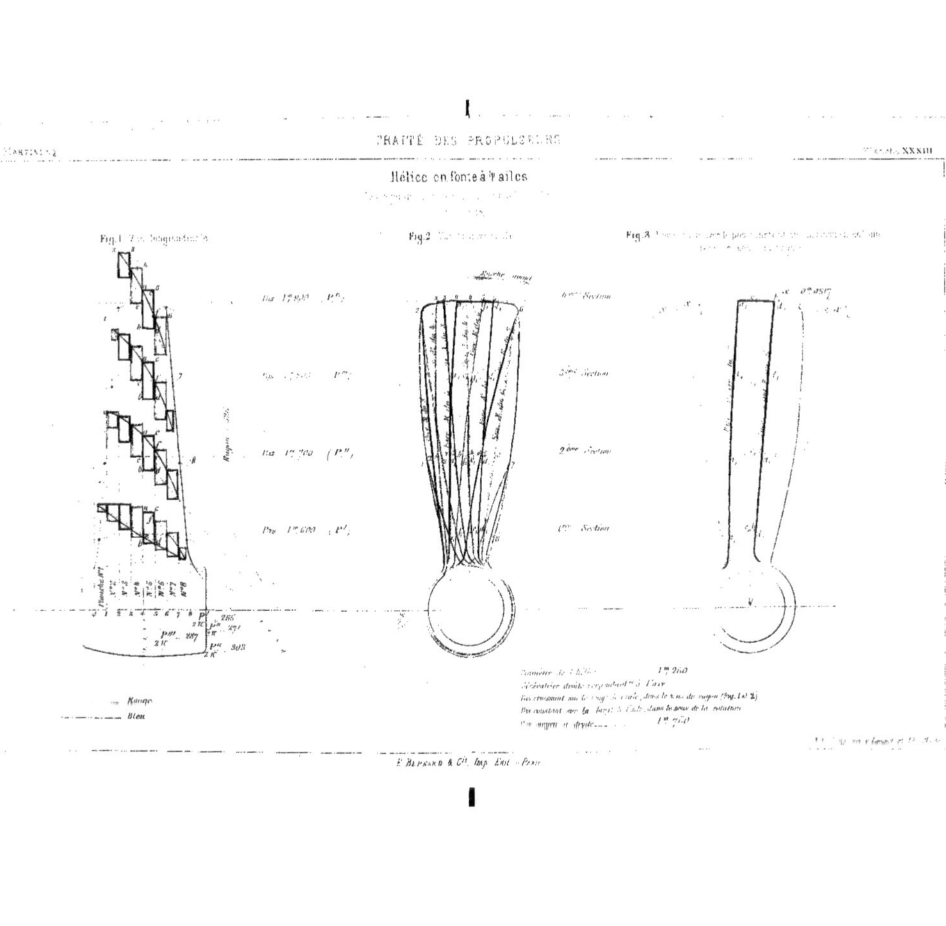
TRAITÉ DES PROPULSEURS
Planche XXXIII
Hélice en fonte à 4 ailes
Fig.1
Fig.2
Fig.3
Rayon
4ème Section
3ème Section
2ème Section
1ère Section
Rouge
Bleu
Diamètre de l'hélice 1m 260
E. Bernard & Cie. Imp. Edit. Paris

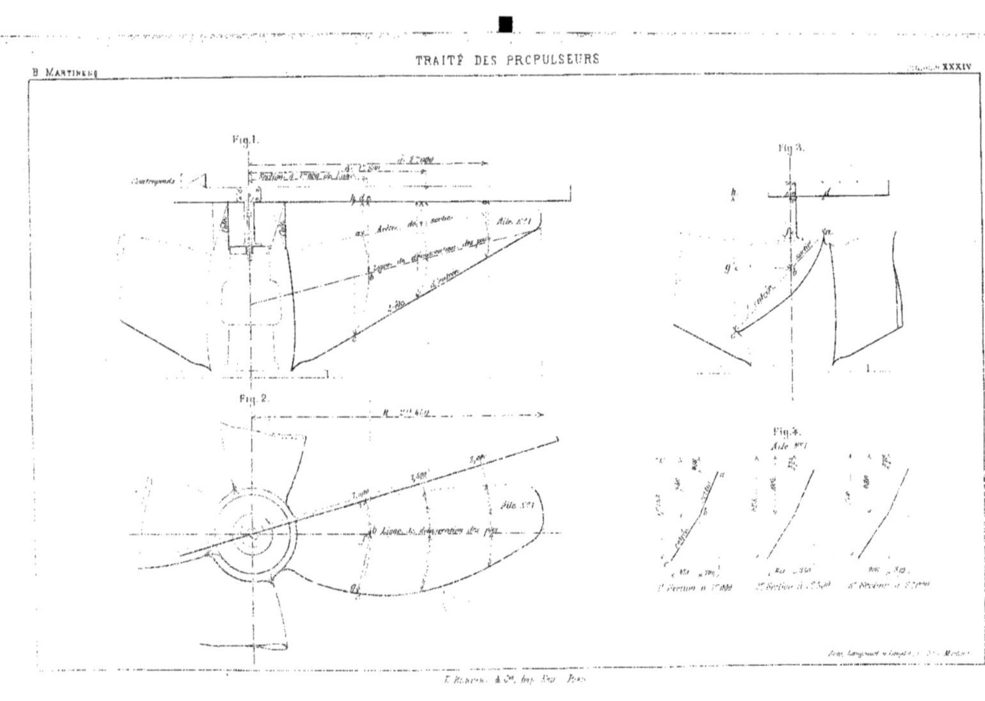
TRAITÉ DES PROPULSEURS
B. MARTINENQ
XXXIV
Fig. 1.
Fig. 2.
Fig. 3.
Fig. 4.

www.ingramcontent.com/pod-product-compliance
Ingram Content Group UK Ltd.
Pitfield, Milton Keynes, MK11 3LW, UK
UKHW020925180726
13838UKWH00002B/760